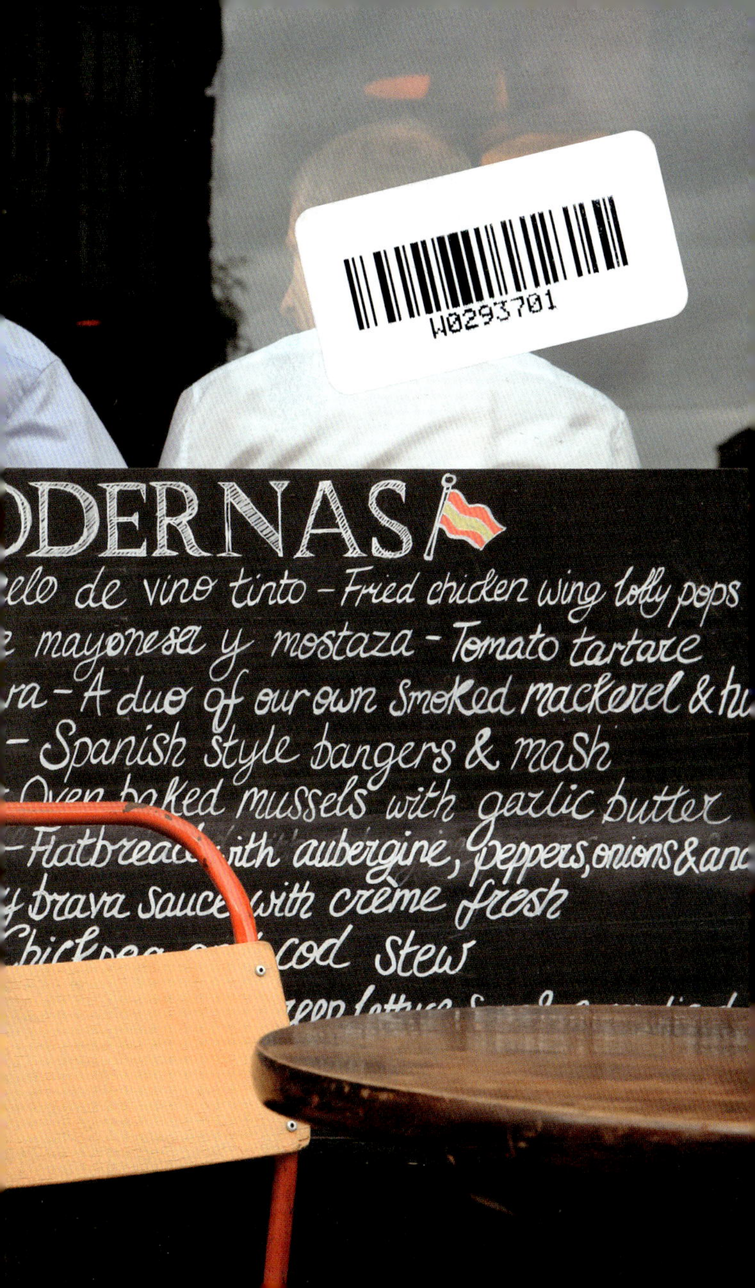
DERNAS
elo de vino tinto - Fried chicken wing lolly pops
mayonesa y mostaza - Tomato tartare
ra - A duo of our own smoked mackerel &
- Spanish style bangers & mash
Oven baked mussels with garlic butter
- Flatbread with aubergine, peppers, onions &
brava sauce with crème fresh
cod stew

TAPAS

SPANISCHE SNACKS ZUM TEILEN

Jan Thorbecke Verlag

INHALT

GAZPACHO ANDALUZ
CON JAMÓN IBÉRICO

TOMATENGAZPACHO MIT SCHINKENSTREIFEN UND EI

ZUTATEN FÜR 4 PERSONEN

GAZPACHO 2 Scheiben Weißbrot ◆ 400 ml Tomatensaft ◆ 400 g rote und gelbe Kirschtomaten ◆ 2 Frühlingszwiebeln ◆ ½ grüne Chilischote ◆ ½ rote Chilischote ◆ ¼ Salatgurke ◆ 1 Knoblauchzehe ◆ 2 EL Olivenöl ◆ 2 EL Sherryessig + etwas zum Abschmecken ◆ Salz und Pfeffer aus der Mühle ◆ 1 TL Pimentón dulce (edelsüßes Paprikapulver) **ZUM SERVIEREN** 2 Scheiben Ibérico-Schinken ◆ 1–2 hart gekochte Eier ◆ Röstbrot nach Belieben

1 ➻ Für die Gazpacho das Brot in einer Rührschüssel mit dem Tomatensaft übergießen und einweichen lassen. Die Kirschtomaten waschen, halbieren und entkernen. Die Frühlingszwiebeln waschen, putzen und hacken. Die Chilis waschen, putzen und würfeln. Die Gurke schälen und klein würfeln. Den Knoblauch schälen und hacken.

2 ➻ Die vorbereiteten Zutaten zum Brot geben, Öl, Essig, Salz und Pfeffer zufügen und alles glatt mixen. Die Gazpacho nach Belieben mit Wasser oder Tomatensaft noch etwas verdünnen. Die Suppe mit Salz, Pfeffer, Paprikapulver und Essig würzen und abgedeckt ca. 4 Stunden kühl stellen.

3 ➻ Den Ibérico-Schinken in feine Streifen schneiden. Die Eier pellen, fein hacken und zur Hälfte unter die kalte Gazpacho rühren. Die kalte Suppe abschmecken, in Tassen verteilen, mit den Schinkenstreifen und dem übrigen gehackten Ei bestreuen und nach Belieben mit Röstbrot servieren.

VEGAN

GAZPACHO CON AGUACATE

GURKEN-AVOCADO-GAZPACHO

ZUTATEN FÜR 4 PERSONEN

3 Avocados ◆ 1 Gurke ◆ 250 ml Gemüsebrühe ◆ Abrieb und Saft von 2 Limetten ◆ Salz ◆ Cayennepfeffer ◆ 2 Stängel frischer Koriander

❶ ➻ Die Avocados halbieren, den Stein entfernen, das Fruchtfleisch aus der Schale heben und grob klein schneiden. Die Gurke waschen, putzen und klein schneiden. Beides zusammen mit der Brühe, dem Abrieb und dem Saft der Limetten in den Mixer geben und fein pürieren. Mit Salz und Cayennepfeffer abschmecken.

❷ ➻ Den Koriander waschen, trockenschütteln, Blätter abzupfen, ein paar zur Deko auf die Seite legen und die restlichen mit untermixen. Die Suppe 1 Stunde kalt stellen. In Gläsern anrichten, mit dem restlichen Koriander garnieren und servieren.

VEGAN

PIMIENTOS DE PADRÓN

GEGRILLTE PAPRIKA MIT FLEUR DE SEL

ZUTATEN FÜR 4 PERSONEN

800 g Pimientos ◆ 3 EL Olivenöl ◆ Fleur de Sel

❶ ➻ Einen Holzkohlegrill anheizen. Die Pimientos waschen, trockentupfen und mit Öl beträufeln.

❷ ➻ Auf dem heißen Grill unter mehrmaligem Wenden ca. 10 Minuten grillen, bis sie Farbe annehmen.

❸ ➻ Zum Servieren in einer Schale anrichten und mit Fleur de Sel bestreuen.

VEGAN

PATATAS BRAVAS

KARTOFFELN MIT SCHARFER TOMATENSALSA

ZUTATEN FÜR 4 PERSONEN

SALSA 350 g Tomaten ◆ 4 EL Ketchup ◆ 2 EL Olivenöl ◆ ½ TL gemahlener Rosmarin ◆ 1 Prise Safranpulver ◆ Tabasco ◆ Cayennepfeffer

AUßERDEM 800 g festkochende Kartoffeln ◆ Salz ◆ Rapsöl zum Frittieren

❶ ↠ Für die Salsa die Tomaten waschen und den Strunk entfernen. Die Tomaten mit heißem Wasser überbrühen, abschrecken, abtropfen lassen und häuten. Vierteln, entkernen und das Fruchtfleisch zusammen mit dem Ketchup, dem Olivenöl, dem Rosmarin und dem Safranpulver im Mixer fein pürieren. Mit Tabasco und Cayennepfeffer pikant abschmecken. In ein Schälchen füllen und abgedeckt kalt stellen.

❷ ↠ Die Kartoffeln waschen und in kochendem Salzwasser ca. 15 Minuten vorgaren. Abgießen, abkühlen lassen, pellen und auskühlen lassen. In mundgerechte Stücke schneiden.

❸ ↠ Reichlich Öl in einem Topf mit hohem Rand auf 170 °C erhitzen und die Kartoffeln darin 5–6 Minuten goldbraun knusprig frittieren. Auf Küchenpapier abtropfen lassen, in einer Schüssel mit etwas Salz vermischen und in einer Schale angerichtet zusammen mit der Salsa servieren.

VEGAN

TOMATES CONFITADOS

CONFIERTE TOMATEN

ZUTATEN FÜR 4 PERSONEN, FOTO S. 13

1 kg Tomaten ◆ 750 ml Olivenöl ◆ 4 Knoblauchzehen ◆ 4 Zweige Rosmarin ◆ 3 Zweige Thymian ◆ 2 Streifen Bio-Zitronenschale ◆ grobes Meersalz und Pfeffer aus der Mühle

❶ ↠ Den Backofen auf 80 °C Ober-/Unterhitze vorheizen.

❷ ↠ Die Tomaten waschen, vom Strunk befreien, vierteln und die Kerne entfernen. Mit dem Öl in ein ofenfestes Blech geben, so dass die Tomatenstücke vom Öl bedeckt sind.

❸ ↠ Knoblauch schälen und andrücken. Kräuter waschen und trockenschütteln. Mit dem Knoblauch zu den Tomaten geben. Zitronenschale, etwas grobes Meersalz und Pfeffer hinzufügen. Vorsichtig vermischen und für ca. 2 Stunden im Ofen ziehen lassen. Herausnehmen und auskühlen lassen.

❹ ↠ Zum Servieren aus dem Öl nehmen und in einem Schälchen anrichten.

VEGETARISCH

TORTILLA CON PATATAS

KARTOFFELTORTILLA

ZUTATEN FÜR 4–6 PERSONEN, FOTO S. 13

700 g vorwiegend festkochende Kartoffeln ◆ Salz und Pfeffer aus der Mühle ◆ 3 EL Olivenöl + etwas für die Form ◆ 2 große Zwiebeln ◆ Muskatnuss ◆ 8 Eier ◆ Piment d'Espelette ◆ Cayennepfeffer ◆ 80 g fein geriebener Manchego

❶ ➻ Die Kartoffeln waschen und mit Schale ca. 15 Minuten in Salzwasser vorkochen. Ausdampfen und abkühlen lassen, schälen und in Scheiben schneiden.

❷ ➻ Den Ofen auf 180 °C Ober-/Unterhitze vorheizen und eine ca. 20 × 20 cm große Backform mit Olivenöl einpinseln.

❸ ➻ Die Zwiebeln schälen und fein würfeln. Im Olivenöl in einer Pfanne 4–5 Minuten anschwitzen, die Kartoffelscheiben hinzufügen und mit Salz, Pfeffer und Muskatnuss würzen. Die Eier in eine Schüssel schlagen, leicht salzen, mit Piment d'Espelette und Cayennepfeffer abschmecken und verquirlen.

❹ ➻ Den Pfanneninhalt in die Ofenform geben, die Eiermasse darübergießen, mit dem Käse bestreuen und alles im Ofen ca. 35–40 Minuten backen. Herausnehmen, abkühlen lassen und die Tortilla in Quadrate geschnitten servieren.

ALBÓNDIGAS

SCHARFE HACKBÄLLCHEN MIT ZWIEBELCHUTNEY

ZUTATEN FÜR 4–6 PERSONEN, FOTO S. 12

BÄLLCHEN 650 g gemischtes Hackfleisch ◆ 2 Zwiebeln ◆ 2 Knoblauchzehen ◆ 2 rote scharfe Peperoni ◆ ½ TL geräuchertes Paprikapulver ◆ 2 EL gehackte Petersilie ◆ Salz und Pfeffer aus der Mühle ◆ 1 TL getrockneter Oregano ◆ 1 Ei ◆ 1–2 EL Semmelbrösel ◆ 4 EL Olivenöl **CHUTNEY** 4 große Zwiebeln ◆ 1 EL Zucker ◆ 1 EL Rapsöl ◆ 100 ml weißer Balsamico ◆ 200 ml passierte Tomaten ◆ Cayennepfeffer

❶ ➻ Für die Bällchen das Hackfleisch in eine Schüssel geben. Die Zwiebeln und den Knoblauch schälen, sehr fein würfeln und hinzufügen. Die Peperoni waschen, fein hacken und mit dem Paprikapulver, 1 EL Petersilie, Salz, Pfeffer, Oregano, Ei und Semmelbröseln zum Hackfleisch geben. Alles gut vermischen, kräftig abschmecken und kurz abgedeckt in den Kühlschrank stellen.

❷ ➻ Für das Chutney die Zwiebeln schälen, halbieren und in feine Streifen schneiden. Zusammen mit dem Zucker im Öl anschwitzen und leicht karamellisieren lassen. Mit dem Essig ablöschen, die Säure etwas verkochen lassen, die Tomaten ergänzen und ca. 15 Minuten einköcheln lassen. Mit Salz und Cayennepfeffer pikant abschmecken. In ein Schälchen füllen.

❸ ➻ Aus der Hackmasse ca. 3 cm große Bällchen abdrehen und diese im heißen Olivenöl von allen Seiten ca. 7–8 Minuten braten. Aus der Pfanne nehmen, auf Küchenpapier abtropfen lassen und die Hackbällchen mit Petersilie bestreut zusammen mit dem Chutney servieren.

PAN TOSTADO
CON FRIJOLES

RÖSTBROT MIT BOHNEN, TOMATEN UND SARDELLEN

ZUTATEN FÜR 4–6 PERSONEN, FOTO S. 12

1 Zwiebel ◆ 2 Knoblauchzehen ◆ 50 g getrocknete Tomaten ◆ 300 g Ackerbohnen (Dicke Bohnen), TK ◆ Salz und Pfeffer aus der Mühle ◆ 2 EL Olivenöl ◆ 1 Dose stückige Tomaten (ca. 400 g) ◆ Cayennepfeffer ◆ 1 Prise Zucker ◆ 1 EL Weißweinessig ◆ 12 Sardellenfilets in Öl ◆ 12 Scheiben Bauernbrot

❶ ➳ Die Zwiebel und die Knoblauchzehen schälen und in feine Würfel schneiden. Die getrockneten Tomaten klein schneiden. Die Bohnen in kochendem Salzwasser ca. 3–4 Minuten blanchieren, abgießen, abschrecken und abtropfen lassen.
❷ ➳ Das Olivenöl in einer Pfanne erhitzen und darin Zwiebel-, Knoblauchwürfel und getrocknete Tomaten anschwitzen. Bohnen hinzufügen, mit Salz und Pfeffer abschmecken und die Tomaten ergänzen. Das Ganze etwa 10 Minuten einköcheln lassen. Mit Cayennepfeffer, Zucker und Essig abschmecken. Zur Seite ziehen und abkühlen lassen.
❸ ➳ Die Sardellen abtropfen, das Brot rösten, mit der Bohnenmischung und den Sardellen belegen, in der Mitte halbieren und servieren.

TAPAS CON FRIJOLES

TAPAS MIT BOHNEN

ZUTATEN FÜR 4 PERSONEN

WEIẞE BOHNEN MIT SCHINKEN (LINKS) 1 Knoblauchzehe ◆ 50 g getrocknete Tomaten in Öl ◆ 40 g geröstete Pinienkerne ◆ Salz und Pfeffer ◆ 100 g Hinterkochschinken am Stück ◆ 1 TL Butter ◆ 150 g weiße Bohnen (Dose)

KIDNEYBOHNEN MIT MELONE (MITTE) 200 g Kidneybohnen (Dose) ◆ 2 EL Olivenöl ◆ Salz und Pfeffer ◆ 150 g Wassermelone ohne Kerne ◆ ¼ Gurke

SCHWARZE BOHNEN MIT OKTOPUS (RECHTS) 2 Birnen ◆ 150 ml lieblicher Weißwein ◆ 150 g schwarze Bohnen ◆ 2 EL Olivenöl ◆ Salz und Pfeffer ◆ 100 g Tintenfisch aus der Dose, in seiner Tinte eingelegt

❶ ➻ Für die weißen Bohnen mit Schinken den Knoblauch schälen und klein schneiden. Die Tomaten mit den Pinienkernen und dem Knoblauch pürieren und abschmecken. Den Schinken würfeln, in der heißen Butter anbraten. Die Bohnen abtropfen lassen. Mit dem Schinken vermengen, auf Löffeln anrichten und mit dem Tomatenpesto toppen.

❷ ➻ Für die Kidneybohnen mit Melone die Bohnen abspülen und mit dem Olivenöl vermischen. Mit Salz und Pfeffer würzen. Die Melone klein würfeln und mit den Bohnen vermengen. Die Gurke entkernen und in hauchfeine Streifen schneiden. Die Bohnen auf Löffeln anrichten und mit der Gurke toppen.

❸ ➻ Für die schwarzen Bohnen die Birnen schälen, in Scheiben schneiden und kleine Kreise ausstechen. In Weißwein 3–4 Minuten kochen und abkühlen lassen. Die Bohnen abspülen und mit dem Olivenöl vermengen. Mit Salz und Pfeffer würzen. Auf Löffeln verteilen, die Birnenkreise aufsetzen und mit den Tintenfischen krönen.

VEGETARISCH

CROQUETAS
CON CHILI

KROKETTEN GEFÜLLT MIT CHILI UND OLIVEN

ZUTATEN FÜR 4 PERSONEN

600 g mehligkochende Kartoffeln ◆ Salz und Pfeffer aus der Mühle ◆ 2 Eigelb ◆ 2 EL frisch geriebener Parmesan ◆ 1 TL geräuchertes Paprikapulver ◆ 1 TL edelsüßes Paprikapulver ◆ ¼ TL Chilipulver ◆ 2 EL Butter ◆ 1–2 EL Mehl ◆ frisch geriebene Muskatnuss ◆ ca. 120 g grüne Oliven ohne Stein **AUßERDEM** 60 g Mehl ◆ 2 Eier ◆ 150 g Semmelbrösel ◆ Pflanzenöl zum Frittieren

❶ ➻Die Kartoffeln schälen und in Salzwasser ca. 30 Minuten gar kochen. Anschließend abgießen, durch eine Kartoffelpresse drücken und ausdampfen lassen. Mit den Eigelben, dem Parmesan, den Paprikapulvern und dem Chilipulver sowie der Butter zu einem gut formbaren Teig vermengen. Nach Bedarf noch ein wenig Mehl ergänzen. Mit Salz, Pfeffer und Muskat abschmecken. Vom Kartoffelteig mit einem Teelöffel Nocken abstechen, die Oliven halbieren, in die Mitte drücken und den Teig zu runden Bällchen rollen.

❷ ➻Das Mehl auf einen Teller geben, die Bällchen darin wenden, dann die Eier verquirlen, die Bällchen durch das Ei ziehen und am Ende in den Semmelbröseln wälzen. Reichlich Öl in einem Topf mit hohem Rand auf 170 °C erhitzen und die Kroketten darin 5–6 Minuten knusprig ausbacken. Herausnehmen, auf Küchenpapier abtropfen lassen und servieren.

CROQUETAS DE BACALAO

KABELJAU-KROKETTEN

ZUTATEN FÜR 4 PERSONEN

50 g Toastbrot vom Vortag ◆ 350 g Kabeljaufilet ◆ 2 EL Sahne ◆ 1 Zwiebel ◆ 1 EL Olivenöl ◆ 2 Eier ◆ 2 EL gehackte Petersilie ◆ 1 TL Bio-Limettenabrieb ◆ Salz und Pfeffer aus der Mühle ◆ 60 g Mehl + etwas zum Arbeiten ◆ 100 g Semmelbrösel ◆ Olivenöl zum Frittieren ◆ 1 Bio-Limette

❶ ➻ Das Toastbrot zerpflücken und in lauwarmem Wasser einweichen. Das Fischfilet waschen, trockentupfen und würfeln. Das Brot gut ausdrücken. Das Fischfilet in Stücke schneiden und zwei Drittel davon portionsweise mit dem ausgedrückten Brot und der Sahne pürieren. Das übrige Fischfilet fein hacken und untermischen.

❷ ➻ Die Zwiebel schälen, fein würfeln und in dem Öl hell anschwitzen. Kurz abkühlen lassen, dann zusammen mit 1 Ei, der Petersilie, dem Limettenabrieb, Salz und Pfeffer unter die Fischmasse mengen. Aus der Masse mit leicht bemehlten Händen kleine Kroketten formen. Das Mehl und die Semmelbrösel jeweils separat auf einen Teller geben. Das übrige Ei in einem tiefen Teller verquirlen. Die Kroketten erst in Mehl, dann in Ei wenden und zuletzt in den Semmelbröseln wälzen.

❸ ➻ Die Fischkroketten in einem Topf in heißem Öl portionsweise in ca. 4–5 Minuten goldbraun ausbacken. Herausnehmen, auf Küchenpapier abtropfen lassen und mit Limettenspalten servieren.

PATATAS A LO POBRE

ARME-LEUTE-KARTOFFELN

ZUTATEN FÜR 4 PERSONEN

4 große festkochende Kartoffeln ◆ Salz und Pfeffer aus der Mühle ◆ 2 EL Olivenöl ◆ 2 große Tomaten ◆ 1 große rote Zwiebel ◆ ½ grüne Paprika ◆ 200 g Surimi-Sticks ◆ 2 EL Knoblauchöl ◆ 2 Stängel Basilikum

1 ➺ Die Kartoffeln waschen und ca. 25–30 Minuten in kochendem Salzwasser garen, anschließend abgießen, abtropfen und abkühlen lassen. Die Kartoffeln pellen und in ca. 1 cm dicke Scheiben schneiden. Den Backofen auf 180 °C Ober-/Unterhitze vorheizen. Ein Backblech mit Backpapier belegen, mit Olivenöl beträufeln und die Kartoffelscheiben darauf platzieren.

2 ➺ Die Tomaten waschen, den Strunk herausschneiden, die Tomaten halbieren und in feine Würfel schneiden. Die Zwiebel schälen und fein würfeln. Die Paprika waschen, entkernen und fein würfeln. Die Gemüsewürfel in eine Schüssel geben. Die Surimi-Sticks in dünne Scheiben schneiden und hinzufügen. Mit Salz und Pfeffer würzen, das Knoblauchöl ergänzen, durchmischen und die Mischung auf den Kartoffelscheiben verteilen.

3 ➺ Im vorgeheizten Ofen für ca. 15–20 Minuten backen.

4 ➺ Basilikum waschen, trockenschütteln und in feine Streifen schneiden. Kartoffeln aus dem Ofen nehmen, mit Pfeffer übermahlen und mit Basilikum bestreut servieren.

GAMBAS FRITOS

FRITTIERTE GARNELEN

ZUTATEN FÜR 4 PERSONEN

TEIG 1 Ei ◆ Salz ◆ 75 g Mehl ◆ 75 g Speisestärke ◆ 1 TL Backpulver

AUßERDEM 12 Garnelen, bis auf das Schwanzsegment geschält und entdarmt ◆ Pflanzenöl zum Frittieren ◆ ½ Zitrone

❶ ➻ Für den Teig das Ei mit 100 ml eiskaltem Wasser verquirlen. Etwas Salz mit Mehl, Stärke und Backpulver in eine Schüssel geben und mit einem Schneebesen die Flüssigkeit kräftig einrühren. Den Teig für 30 Minuten in den Kühlschrank stellen.

❷ ➻ Die Garnelen mit kaltem Wasser abwaschen und trockentupfen. In einem Topf reichlich Pflanzenöl auf 170 °C erhitzen, die Garnelen durch den Teig ziehen und damit dünn benetzen.

❸ ➻ Im Pflanzenöl für ca. 4 Minuten goldbraun knusprig frittieren. Herausnehmen, auf Küchenpapier abtropfen und mit Zitronenscheiben servieren. Dazu passt die Aioli von Seite 63.

LENGUADO
A LA PLANCHA CON TAPENADE NEGRO

SEEZUNGENRÖLLCHEN VOM GRILL MIT TAPENADE

ZUTATEN FÜR 4 PERSONEN

TAPENADE 3 Knoblauchzehen ◆ 300 g schwarze entsteinte Oliven ◆ 6 Sardellen in Öl ◆ 50 g Kapern ◆ 50 g geröstete Pinienkerne ◆ 100 ml Olivenöl ◆ 1 EL Cognac ◆ Salz und Pfeffer aus der Mühle **AUßERDEM** 4 Seezungenfilets à ca. 80 g ◆ in Wasser eingeweichte Holzspießchen

❶ ➻ Für die Tapenade den Knoblauch schälen und zusammen mit den Oliven, den Sardellen, den Kapern, den Pinienkernen und dem Öl grob pürieren. Mit Cognac und Pfeffer abschmecken.

❷ ➻ Die Seezungenfilets abbrausen und trockentupfen. Einmal längs und einmal quer halbieren. Leicht salzen und mit der Tapenade bestreichen. Über die Tapenade einrollen und auf eingeweichten Holzspießen befestigen. Auf einem vorgeheizten Grill von allen Seiten insgesamt 5–7 Minuten braten.

BOQUERONES FRITOS

FRITTIERTE SARDELLEN MIT DIP UND KRÄUTERBRÖSELN

ZUTATEN FÜR 4 PERSONEN

BRÖSEL 2 Zweige Thymian ◆ 2 Stängel Petersilie ◆ 2 EL Butter ◆ 60 g Semmelbrösel ◆ Salz ◆ Abrieb von ½ Bio-Zitrone **AIOLI** 4 große Knoblauchzehen ◆ 2 Eigelb ◆ 1 Prise Safranpulver ◆ 1 TL mittelscharfer Senf ◆ Salz und weißer Pfeffer ◆ 175 ml Olivenöl ◆ 2 EL Orangensaft **SARDELLEN** 650 g küchenfertige Sardellen ◆ Fleur de Sel ◆ 80 g Mehl ◆ Rapsöl zum Frittieren

❶ ➻ Für die Brösel die Kräuter waschen, trockenschütteln, Blättchen abzupfen und fein hacken. Die Butter in einer Pfanne zerlassen, die Brösel darin unter Rühren bräunen, zum Schluss die Kräuter hinzufügen, leicht salzen und den Zitronenabrieb unterrühren.

❷ ➻ Für die Aioli die Knoblauchzehen schälen und in einen Rührbecher pressen. Eigelbe, Safran, Senf sowie eine Prise Salz und Pfeffer zugeben. Alles mit dem Pürierstab unter Zugabe von Öl – zunächst tropfenweise, später langsam fließend – pürieren. Das Öl immer vollständig einmixen, bevor neues zugegeben wird. Mit Salz und Orangensaft abschmecken.

❸ ➻ Die Sardellen waschen, trockentupfen und mit etwas Fleur de Sel würzen. Im Mehl wenden und überschüssiges Mehl abklopfen.

❹ ➻ Reichlich Öl in einem Topf mit hohem Rand auf ca. 175 °C erhitzen und die Sardellen darin in 3–4 Minuten goldbraun ausbacken. Zum Verzehr zuerst in die Aioli, dann in die Brösel dippen.

BOQUERONES CON TOMATES

SARDELLEN UND GELBE KIRSCHTOMATEN MIT KNOBLAUCH UND OREGANO VOM BLECH

ZUTATEN FÜR 4 PERSONEN

800 g küchenfertige Sardellen ◆ 800 g Kirschtomaten ◆ 6 Knoblauchzehen ◆ Salz und Pfeffer aus der Mühle ◆ 1 TL Zucker ◆ 4 EL Olivenöl ◆ 100 g Semmelbrösel ◆ 50 g geriebener Parmesan ◆ 1 kleine Handvoll Oreganoblätter

❶ ➻ Die Sardellen waschen, trockentupfen und den Kopf abschneiden. Die Kirschtomaten waschen, halbieren und in eine Schüssel geben. Die Knoblauchzehen schälen und fein hacken. Zu den Tomaten geben, mit Salz, Pfeffer und Zucker würzen. Auf einem großen Backblech verteilen. Die Sardellen leicht salzen und darüber verteilen. Mit Öl beträufeln. Etwas vermengen.

❷ ➻ Den Backofen auf 180 °C Ober-/Unterhitze vorheizen, Semmelbrösel mit Parmesan vermischen und über allem verteilen. Das Blech für ca. 25–30 Minuten in den Ofen schieben.

❸ ➻ Anschließend das Blech aus dem Ofen nehmen, den Oregano waschen, trockenschütteln, darüber verteilen und servieren.

ANCHOAS MARINADAS

MARINIERTE SARDELLEN MIT THYMIAN

ZUTATEN FÜR 4 PERSONEN, FOTO S. 34

500 g sehr frische, küchenfertige Sardellenfilets ◆ 100 ml Olivenöl ◆ Saft von 1 Zitrone ◆ 4 Zweige Thymian ◆ 2 Knoblauchzehen ◆ Salz und Pfeffer aus der Mühle ◆ je 1 rote, gelbe und grüne Paprika ◆ frisches Weißbrot zum Servieren

1 ➝ Die Sardellenfilets mit kaltem Wasser abwaschen, trockentupfen und flach in einer Form auslegen.

2 ➝ Das Olivenöl mit dem Zitronensaft in eine Schüssel geben. Den Thymian waschen, trockenschütteln, die Blättchen abzupfen und zum Rest in die Schüssel geben. Die Knoblauchzehen schälen, fein würfeln und ergänzen. Mit Salz und Pfeffer würzen. Alles mit einem Schneebesen kräftig verquirlen, um eine leichte Emulsion zu erhalten. Die Marinade gleichmäßig über den Sardellen verteilen. Abdecken und für ca. 1 Stunde kalt stellen.

3 ➝ Die Paprikaschoten waschen, halbieren, entkernen und im Backofen unter dem Grill so lange rösten, bis die Haut schwarz wird. Herausnehmen, in eine Schüssel geben und mit Folie abgedeckt ruhen lassen. Dann die schwarze Haut abziehen. Das Fruchtfleisch nicht abwaschen, da der ganze Geschmack sonst verloren geht. Die Paprikaschoten in Streifen schneiden und auf einer Platte anrichten.

❹ ➻ Die Sardellen aus dem Kühlschrank nehmen und auf den Paprikastreifen anrichten. Alles mit der Marinade beträufeln und sofort servieren. Frisches Weißbrot dazu reichen.

CALAMAR A LA PLANCHA

GEGRILLTER TINTENFISCH

ZUTATEN FÜR 4 PERSONEN, FOTO S. 35

TINTENFISCH 250 g Tintenfischarme ◆ 250 g Tintenfischtuben ◆ 1 Thymianzweig ◆ 1 Prise Salz ◆ 3 EL Olivenöl ◆ Piment d'Espelette ◆ Saft von ½ Zitrone

BALSAMICOZWIEBELN 4 Zwiebeln ◆ 2 EL Olivenöl ◆ 2 TL Zucker ◆ 200 ml Aceto Balsamico ◆ 1 Rosmarinzweig ◆ Salz

❶ ➻ Die Tintenfischarme und -tuben mit kaltem Wasser abbrausen und trockentupfen. Den Thymian waschen und trockenschütteln. Tintenfisch mit Thymian, 1 Prise Salz und Olivenöl in einem Beutel vakuumieren. In einem Wasserbad bei konstanten 70 °C für ca. 2 Stunden garen.

❷ ➻ Für die Balsamicozwiebeln in der Zwischenzeit die Zwiebeln schälen, halbieren und in feine Streifen schneiden. In einem Topf das Olivenöl erhitzen und die Zwiebeln darin anschwitzen. Mit dem Zucker bestreuen, leicht karamellisieren lassen und mit dem Balsamico ablöschen. Dabei darauf achten, den Dampf nicht einzuatmen – das kann sehr unangenehm sein. Den Rosmarinzweig einlegen, die Zwiebeln leicht salzen und ca. 10–15 Minuten einköcheln lassen. Zur Seite ziehen, abkühlen lassen und in ein Schälchen füllen.

❸ ➻ Das Tintenfischfleisch aus dem Beutel nehmen, die Tuben etwas kleiner schneiden und die Tintenfische in einer heißen Grillpfanne kurz von allen Seiten scharf anbraten (ca. 1–2 Minuten). Die Schale mit den Zwiebeln auf einen Teller stellen und die Tintenfischstücke drumherum anrichten. Mit Piment d'Espelette bestreuen und nach Belieben mit etwas Zitronensaft beträufelt servieren.

BROCHETA DE GAMBAS

GARNELENSPIEẞE

ZUTATEN FÜR 4 PERSONEN, FOTO S. 34

12 Garnelen, entdarmt und bis auf das Schwanzsegment geschält ◆ 4 EL Olivenöl ◆ 2 Knoblauchzehen ◆ 2 Zweige Estragon ◆ 1 Prise Safranpulver ◆ Salz und Pfeffer aus der Mühle ◆ 4 Holzspieße

❶ ➻ Die Garnelen mit kaltem Wasser abbrausen, trockentupfen und in eine Schale geben. Mit dem Olivenöl beträufeln. Die Knoblauchzehen schälen und fein hacken. Den Estragon waschen, trockenschütteln und die Blätter fein hacken. Knoblauch, Estragon und Safranpulver dazugeben, mit Salz und Pfeffer würzen. Alles gut vermischen und ca. 30 Minuten ziehen lassen.

❷ ➻ Je 3 Garnelen auf einen Holzspieß stecken und in einer Pfanne oder auf dem Grill je Seite ca. 2 Minuten grillen. Auf einer Platte anrichten und servieren.

CANAPÉS CON TAPENADE

SCHNITTCHEN MIT TAPENADE

ZUTATEN FÜR 4 PERSONEN

½ Knoblauchzehe ◆ 1 Bio-Zitrone ◆ 125 g schwarze Oliven ohne Stein ◆ 40 g Kapern ◆ 3 Sardellenfilets ◆ ca. 100 ml Olivenöl ◆ Salz und Pfeffer aus der Mühle

AUßERDEM 1 Baguette

❶ ➻ Den Knoblauch schälen und grob würfeln. Die Zitrone heiß waschen, die Schale zur Hälfte fein abreiben und die Zitrone auspressen.

❷ ➻ Die Oliven in Stücke schneiden und mit den Kapern, den Sardellenfilets, dem Knoblauch und der Zitronenschale im Blitzhacker zu einer feinen Paste verarbeiten. Die Olivenpaste in eine Schüssel füllen, 2 EL Zitronensaft und das Olivenöl unterrühren und alles mit Pfeffer würzen. Die Paste nochmals mit dem Pürierstab durchmixen und die Tapenade mit Salz und Pfeffer abschmecken.

❸ ➻ Das Baguette in Scheiben schneiden, nach Belieben toasten und die Tapenade darauf verteilen.

PULPO CON VERDURAS

TINTENFISCH MIT GEMÜSEFÜLLUNG

ZUTATEN FÜR 4 PERSONEN

16 kleine Tintenfischtuben ◆ ½ grüne Paprika ◆ ½ rote Paprika ◆ 1 große Zwiebel ◆ 3 EL Olivenöl ◆ 200 g gekochter Reis ◆ 1 mehligkochende Pellkartoffel vom Vortag ◆ 2 Eigelb ◆ ½ TL edelsüßes Paprikapulver ◆ 2 EL frisch gehackter Rosmarin ◆ Salz und Pfeffer aus der Mühle ◆ 2 EL Butter ◆ 2 TL Mehl ◆ 150 ml trockener Weißwein ◆ 400 ml Geflügelbrühe

❶ ➻ Die Tintenfische putzen und waschen. Die Paprikaschoten waschen, entkernen und sehr fein würfeln. Die Zwiebel schälen und hacken. Das Olivenöl in einer Pfanne erhitzen, die Hälfte der Zwiebel und die Paprikawürfel darin anbraten. Aus der Pfanne nehmen und mit dem Reis vermengen. Die Kartoffel pellen, zerdrücken und zusammen mit den Eigelben hinzufügen. Alles gut verkneten und mit Paprikapulver, 1 EL Rosmarin, Salz und Pfeffer würzig abschmecken. Die Masse in die Tuben füllen und ggf. mit Zahnstochern verschließen.

❷ ➻ Die Butter in einem Bräter erhitzen, die restlichen Zwiebeln und die Tintenfische darin leicht gebräunt anbraten. Die Tintenfische aus dem Bräter nehmen und das Mehl einrühren. Mit dem Wein und der Brühe ablöschen, aufkochen und die Tintenfische wieder dazugeben. Den restlichen Rosmarin hinzufügen und zugedeckt bei niedriger Hitze 35–40 Minuten schmoren, bis sich die Tintenfische leicht einstechen lassen. Die Sauce nach Belieben noch etwas einköcheln lassen.

PULPO Y PATATAS
A LA PLANCHA CON ENSALADA DE TOMATE

TINTENFISCH UND KARTOFFELN VOM GRILL UND TOMATENSALAT

ZUTATEN FÜR 4 PERSONEN

TINTENFISCH 600 g festkochende Kartoffeln ◆ Salz und Pfeffer aus der Mühle ◆ 350 g küchenfertige Tintenfischtuben ◆ 300 g küchenfertige kleine Tintenfische ◆ 2 EL Zitronensaft ◆ 4 EL Olivenöl ◆ 1 Knoblauchknolle ◆ 3 TL mediterrane Gewürzmischung ◆ 1 Bio-Zitrone ◆ 2 EL gehackte Petersilie **SALAT** 500 g bunte Tomaten ◆ 1 rote Zwiebel ◆ 1 Knoblauchzehe ◆ 4 EL Olivenöl ◆ 2 EL Weißweinessig ◆ 1 Prise Zucker

❶ ➻ Die Kartoffeln waschen und ca. 30 Minuten über kochendem Salzwasser gar dämpfen. Halbieren.

❷ ➻ Die Tintenfische mit kaltem Wasser abbrausen und trockentupfen. Die Tuben über Kreuz einschneiden. Mit Salz und Pfeffer, Zitronensaft sowie Olivenöl würzen. Die Knoblauchknolle waagerecht halbieren und dazugeben. Ca. 30 Minuten ziehen lassen.

❸ ➻ Für den Salat die Tomaten waschen und würfeln. Die Zwiebel schälen und fein würfeln. Den Knoblauch schälen und durchpressen. Beides zu den Tomaten geben, mit Olivenöl, Essig, Salz, Pfeffer, Zucker und 1 EL Petersilie marinieren.

❹ ➻ Eine Grillpfanne erhitzen und die Kartoffeln zusammen mit den marinierten Tintenfischen ca. 5–6 Minuten angrillen. Dabei mit der Gewürzmischung bestreuen und die Zitrone in Spalten hinzufügen. Mit der restlichen Petersilie bestreuen.

PINCHOS DE PAELLA

TAPAS MIT PAELLA-REIS

ZUTATEN FÜR 4 PERSONEN

4 Tomaten ◆ 2 Knoblauchzehen ◆ 1 kleine Zwiebel ◆ 1 rote Chilischote ◆ 1 Prise Safranfäden ◆ $\frac{1}{8}$ TL gemahlene Kurkuma ◆ 3 EL Olivenöl ◆ 200 g Paella-Reis ◆ 50 ml trockener Weißwein ◆ Salz und Pfeffer ◆ ca. 250 ml Geflügelfond ◆ 3–4 Pimientos de piquillo (geröstete Paprikascheiben, aus dem Glas) ◆ 1 Chorizo ◆ 10–12 Garnelen, bis auf das Schwanzsegment geschält und entdarmt ◆

1 ➻ Die Tomaten waschen, halbieren und entkernen. Den Knoblauch und die Zwiebel schälen und hacken. Die Chilischote waschen, putzen und würfeln. Alles mit etwas Wasser, Safran und Kurkuma im Mixer zu einer feinen Salsa zerkleinern.
2 ➻ In einem Topf 2 EL Öl erhitzen, den Reis zufügen und kurz anschwitzen. Die Tomatensalsa zufügen und unterrühren. Alles mit dem Weißwein ablöschen, salzen und pfeffern. Nach und nach den Fond angießen und den Reis in 20–25 Minuten fertig garen, bis die Flüssigkeit absorbiert ist.
3 ➻ Die gerösteten Paprikastücke in ca. 3 × 3 cm große Quadrate schneiden. Die Chorizo häuten und in Scheiben schneiden. Die Garnelen abbrausen und abtropfen lassen.
4 ➻ In einer Pfanne das restliche Öl erhitzen und die Garnelen darin unter Wenden 2–3 Minuten anbraten, salzen und pfeffern. Die Chorizoscheiben in einer beschichteten Pfanne kurz von beiden Seiten anbraten.
5 ➻ Aus dem kalten Paella-Reis kleine Bällchen formen, auf die Paprikaquadrate setzen, jeweils 1 Scheibe Chorizo oder 1 Garnele auflegen und mit einem Spieß fixieren.

MONTADITO
DE HUEVOS DE CODORNIZ Y CHORIZO

TAPAS-HÄPPCHEN MIT WACHTEL-SPIEGELEI UND CHORIZO

ZUTATEN FÜR 4 PERSONEN

1 Chorizo ◆ 8 Scheiben Baguette ◆ 3 EL Olivenöl ◆ 8 Wachteleier ◆ 3–4 gegrillte, gehäutete rote Paprika, z.B. Pimientos del piquillo (Glas) ◆ Salz und Pfeffer aus der Mühle ◆ Schnittlauch, sehr feine Röllchen und Halme, zum Garnieren

❶ ➻ Den Backofen auf Grillstufe vorheizen. Die Chorizo häuten und in Scheiben schneiden. Die Brotscheiben mit Olivenöl beträufeln und im Ofen kurz rösten. In einer beschichteten Pfanne das übrige Öl erhitzen und die Wachteleier darin zu Spiegeleiern braten. Die gegrillten Paprikaschoten in 8 breite Streifen schneiden.

❷ ➻ Die Brotscheiben jeweils mit einem Stück Paprika, zwei Scheiben Chorizo und einem Wachtelspiegelei belegen, salzen und pfeffern. Alles mit ein paar sehr feinen Schnittlauchröllchen bestreuen und die Tapas mit Schnittlauchhalmen garniert servieren.

PINCHOS MORUNOS

SCHWEINEFLEISCHSPIEẞE MIT GEWÜRZEN, PAPRIKA, CHORIZO UND OLIVEN

ZUTATEN FÜR 4 PERSONEN BZW. FÜR 8 SPIEẞE

600 g Schweinefleisch, Lende oder Nacken ◆ je 1 rote und gelbe Paprika ◆ 120 g Chorizo ◆ je 8 grüne und schwarze Oliven ohne Stein in Lake ◆ 2 Knoblauchzehen ◆ 1 TL edelsüßes Paprikapulver ◆ 1 TL geräuchertes Paprikapulver ◆ Abrieb und Saft von ½ Bio-Zitrone ◆ ¼ TL gemahlener Koriander ◆ Cayennepfeffer ◆ 2 EL Olivenöl ◆ Salz ◆ Fingerfoodspieße

❶ ➸ Das Fleisch mit kaltem Wasser abbrausen, trockentupfen und in ca. 3 cm große Würfel schneiden. Die Paprikaschoten waschen, halbieren, das Kerngehäuse entfernen und die Schoten in Stücke schneiden. Chorizo in dünne Scheiben schneiden, die Oliven mit kaltem Wasser abspülen und abtropfen lassen.

❷ ➸ Die Knoblauchzehen schälen, fein würfeln und zusammen mit den Paprikapulvern, dem Zitronenabrieb, dem gemahlenen Koriander, Cayennepfeffer nach Geschmack und dem Olivenöl in eine Schüssel geben. Fleisch, Paprika und Chorizo dazugeben, vermischen und ca. 2 Stunden im Kühlschrank ziehen lassen.

❸ ➸ Danach abwechselnd Fleisch, Paprika und Chorizo auf Fingerfoodspieße stecken und mit je einer grünen und einer schwarzen Olive abschließen. Mit Salz würzen und auf dem Grill unter Wenden in ca. 8–9 Minuten garen.

CROQUETAS DE CARNE PICADA

KROKETTEN MIT HACKFLEISCH

ZUTATEN FÜR 4 PERSONEN

CHILI-DIP 5 rote mittelscharfe Chilischoten ◆ 4 Knoblauchzehen ◆ 35 g Ingwer ◆ 120 g Zucker ◆ 2 TL Speisestärke ◆ 3 EL Weißweinessig ◆ Salz

KROKETTEN 100 g Rinderhackfleisch ◆ 1 EL Sonnenblumenöl ◆ Salz und Pfeffer aus der Mühle ◆ 60 g Butter ◆ 2 EL Olivenöl ◆ 90 g Mehl + etwas zum Arbeiten ◆ 300 ml Milch ◆ 1 Prise frisch geriebene Muskatnuss ◆ 50 g frisch geriebener Manchego ◆ 2 Eier ◆ 100 g Paniermehl ◆ Fett zum Frittieren

1 ➞ Für den Chili-Dip die Chilischoten waschen, putzen und ohne Kerne hacken. Knoblauch und Ingwer schälen und ebenfalls hacken. Den Zucker mit 1–2 EL Wasser in einem Topf erhitzen und schmelzen lassen. Chilis und Knoblauch dazugeben und im Zucker kurz andünsten. Etwas abkühlen lassen. 250 ml Wasser mit der Stärke verrühren und zusammen mit dem Ingwer zum Zucker geben. Unter Rühren aufkochen, mit Essig und Salz abschmecken und abkühlen lassen.

2 ➞ Das Rinderhackfleisch im heißen Sonnenblumenöl krümelig braten und mit Salz und Pfeffer würzen. Vollständig abkühlen lassen.

3 ➞ Die Butter mit dem Olivenöl in einem Topf erhitzen. 90 g Mehl einrühren und unter Rühren anschwitzen. Mit der Milch ablöschen und unter stetigem Rühren aufkochen (sollten Klümpchen entstanden sein, die Masse durch ein feines Sieb

streichen). Mit Salz, Pfeffer und Muskat würzen. Den Käse einrühren und dabei schmelzen lassen. Das Hackfleisch in einem Sieb abtropfen lassen und hinzufügen. Alles gut vermengen und auf einem kleinen Blech verstreichen. Im Kühlschrank ca. 3 Stunden kalt stellen.

4 ➻ Die Eier in einem tiefen Teller verquirlen. Das Paniermehl in einem anderen Teller bereitstellen. Das Frittierfett in einem Topf mit hohem Rand auf 170 °C erhitzen. Aus der gut gekühlten Krokettenmasse mit bemehlten Händen kleine Röllchen formen, in den Eiern und im Paniermehl wälzen und dann goldbraun frittieren. Den Chili-Dip dazu reichen.

LA GITANA
VINICOLA HIDALGO Y CIA. S.A.
2º CENTENARIO 1792-1992
CASA PLACIU
BAR

CHAMPIÑONES
RELLENOS

GEFÜLLTE CHAMPIGNONS MIT TOMATEN, PILZEN, REIS UND SOBRASADA

ZUTATEN FÜR 4 PERSONEN BZW. FÜR 12 STÜCK

12 große Champignons ◆ 1 Zwiebel ◆ 2 Knoblauchzehen ◆ 2 EL Olivenöl + etwas für die Form ◆ 120 g Langkornreis ◆ 100 ml passierte Tomaten ◆ 180 ml Gemüsebrühe ◆ Salz und Pfeffer aus der Mühle ◆ 1 TL geräuchertes Paprikapulver ◆ 1 Tomate ◆ 2 Zweige Thymian ◆ 150 g Sobrasada (spanische Wurst)

1 ➝ Die Champignons putzen und den Stiel entfernen.

2 ➝ Die Zwiebel und den Knoblauch schälen und fein hacken. Das Olivenöl in einem Topf erhitzen, Zwiebel und Knoblauch darin anschwitzen und den Reis ergänzen. Kurz mitschwitzen, passierte Tomaten und Brühe angießen und mit Salz, Pfeffer und Paprikapulver würzen. Unter Rühren ca. 15–20 Minuten bei milder Hitze mit noch etwas Biss garen.

3 ➝ Die Tomate waschen, den Strunk herausschneiden, das Fruchtfleisch fein würfeln und untermengen. Den Thymian waschen, trockenschütteln, die Blätter abzupfen und die Hälfte davon unter den Reis mischen. Die Wurst in kleinen Stücken untermischen und die Reismischung in die Pilze füllen.

4 ➝ Den Backofen auf 180 °C Ober-/Unterhitze vorheizen, die Pilze in eine mit Olivenöl eingepinselte Ofenform setzen und im Ofen ca. 15 Minuten backen.

5 ➝ Herausnehmen und servieren. Dazu mit den restlichen Thymianblättern garnieren.

EMPANADAS CON CARNE

EMPANADAS MIT HACKFLEISCHFÜLLUNG

ZUTATEN FÜR 4 PERSONEN

TEIG ½ Würfel frische Hefe (21 g) ◆ 160 ml lauwarme Milch ◆ 1 Prise Zucker ◆ 300 g Mehl + etwas zum Arbeiten ◆ 1 Prise Salz ◆ 1 Eigelb ◆ 75 g weiche Butter ◆ 1 Ei zum Bepinseln

FÜLLUNG 1 Zwiebel ◆ 1 Knoblauchzehe ◆ 1 EL Pflanzenöl ◆ 1 rote Paprika ◆ 1–2 kleine Jalapeños ◆ 400 g Rinderhackfleisch ◆ Salz und Pfeffer aus der Mühle ◆ 2 EL Crème fraîche ◆ 1–2 TL Tomatenmark ◆ 2 EL frisch gehackte Petersilie ◆ 1–2 EL Semmelbrösel nach Bedarf

❶ ⤞ Die Hefe zerbröckeln und mit der Milch und dem Zucker verrühren. Das Mehl mit dem Salz vermischen, in eine Schüssel geben, in die Mitte eine Mulde drücken, das Eigelb, die Butter und die Hefemischung in die Mulde füllen und mit den Knethaken zu einem glatten Teig verkneten. Gegebenenfalls noch etwas Mehl oder Milch dazugeben. Zu einer Kugel formen, abdecken und ca. 1 Stunde gehen lassen.

❷ ⤞ Den Ofen auf 200 °C Ober-/Unterhitze vorheizen.

❸ ⤞ Für die Füllung die Zwiebel und den Knoblauch schälen, fein hacken und im heißen Öl andünsten. Die Paprika und die Jalapeños halbieren, die Kerne und die weißen Innenhäute entfernen, die Schote waschen und zusammen mit den Jalapeños fein hacken. Zu den Zwiebeln geben und kurz mitdünsten. Das Hackfleisch zufügen und krümelig braten. Mit Salz und Pfeffer würzen. Die Crème fraîche mit dem Tomatenmark und der gehackten Petersilie unter die Fleischmasse mischen. Falls die Masse zu weich ist, ein wenig Semmelbrösel untermengen.

❹ ➻ Inzwischen den Hefeteig auf einer bemehlten Arbeitsfläche ca. 3 mm dünn ausrollen und mit einem runden Ausstecher Kreise (ca. 10 cm Ø) ausstechen. Das Ei trennen. Die Füllung jeweils auf die Mitte der Kreise setzen, die Ränder mit Eiweiß bestreichen, zu Halbmonden zusammenklappen und mit einer Gabel die Empanadas am Rand fest verschließen.

❺ ➻ Das Eigelb mit 1–2 EL Wasser verquirlen und die Teigtaschen damit bestreichen. Im vorgeheizten Backofen 15–20 Minuten goldbraun backen.

RIOJA
CRIANZA

AIOLI

VEGETARISCH

KNOBLAUCHMAYONNAISE

ZUTATEN FÜR 4 PERSONEN

6–7 Knoblauchzehen ◆ Salz und Pfeffer aus der Mühle ◆ 1 Eigelb ◆ 150 ml Olivenöl

❶ ⤜ Den Knoblauch schälen, grob hacken und im Mixer fein pürieren. Das Knoblauchpüree salzen und pfeffern. Das Eigelb untermixen und ein paar Tropfen Olivenöl zufügen. Das restliche Olivenöl in dünnem Strahl einlaufen lassen und gut untermengen.

❷ ⤜ Die Aioli abschmecken, in ein Schälchen füllen, mit Pfeffer übermahlen und servieren.

VERLAGSGRUPPE PATMOS

PATMOS
ESCHBACH
GRÜNEWALD
THORBECKE
SCHWABEN
VER SACRUM

Die Verlagsgruppe
mit Sinn für das Leben

Klimaneutral
Druckprodukt
ClimatePartner.com/14549-2003-1001

MIX
Papier aus verantwortungsvollen Quellen
FSC www.fsc.org FSC® C014138

Für die Verlagsgruppe Patmos ist Nachhaltigkeit ein wichtiger Maßstab ihres Handelns. Wir achten daher auf den Einsatz umweltschonender Ressourcen und Materialien.

2. Auflage 2023

Gestaltung:
Finken & Bumiller, Stuttgart
Rezepte:
Stockfood Rezepte Service
Druck:
Finidr s.r.o., Český Těšín
Hergestellt in Tschechien
ISBN 978-3-7995-1449-1

BILDNACHWEIS:
mauritius images/Monica Wells/Alamy: Vorsatzpapier; Fénot/Photocuisine: S. 4, 7, 22; Amiel/Photocuisine: S. 8; Lawton/Photocuisine: S. 11, 18, 25, 48; Garnier/Photocuisine: S. 12/13, 26, 34/35, 51, 56; Aubergine Studio/Photocuisine: S. 21; Deslandes/Photocuisine: S. 29, 33; Di Baldassare/Photocuisine: S. 30; S'Cuiz in/Photocuisine: S. 40, 44; Hall/Photocuisine: S. 43: Leser/Photocuisine: S. 47: Carnet/Photocuisine: S. 52, 58; mauritius images/Jackie Ellis/Alamy: S. 55; mauritius images/Richard Bradley/Alamy: S. 61; Czerw/Photocuisine: S. 62; mauritius images/Katharina Brandt/Alamy: Nachsatzpapier.
Wir danken den Rechteinhabern für die freundliche Genehmigung zum Abdruck.

BODEGAS TRADICION
10 Velas
MARQUES DE RISCAL RESERVA
12 AÑOS EN BOTA DE ROBLE AMERICANO
COPA 3'75 €.

de Toros de Sevilla
urro
mero
BODEGAS TRADICION
MARQUES DE RISCAL
RESERVA
TRADICION
COPA 3'75 €.